Fontainebleau 21 Novembre 1904

marqué 19P

APRÈS LE DÉCÈS

de

Mademoiselle BATTELIER

A FONTAINEBLEAU

Meubles du XVIIIᵉ siècle

PORCELAINES — FAIENCES — MINIATURES

BIJOUX, ARGENTERIE, BRONZES

Monnaies anciennes or et argent

TABLEAUX, GRAVURES EN COULEUR

LIVRES

DONT LA VENTE AURA LIEU

Les Lundi 21 et Mardi 22 Novembre 1904

à 1 heure

A FONTAINEBLEAU

Rue des Bons-Enfants, 7

Mᵉ M. PUTOIS	M. VANNES
COMMISSAIRE-PRISEUR	EXPERT
91, Rue Saint-Honoré	54, Faubourg-Montmartre
A FONTAINEBLEAU	A PARIS

EXPOSITION PUBLIQUE

Le Jeudi 17 Novembre 1904, de 1 heure à 4 heures

CONDITIONS DE LA VENTE

~~~~~~~~~~~~~~~~

La vente sera faite au comptant.

Les acquéreurs paieront *dix pour cent* en sus des prix d'adjudication.

Aucune réclamation ne sera admise une fois l'adjudication prononcée.
~~~~~~~~~~~~~~~~

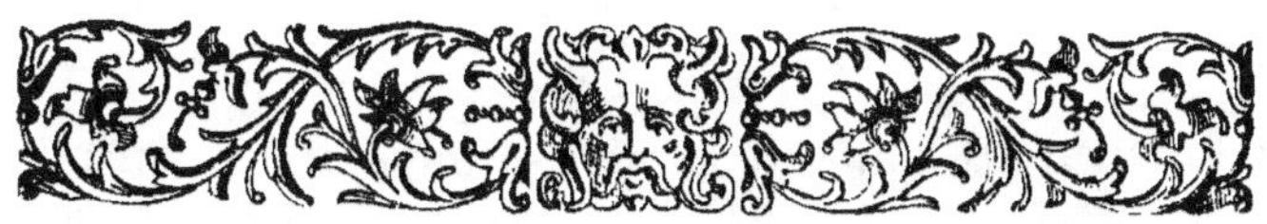

DÉSIGNATION SOMMAIRE

MEUBLES ANCIENS

1 — Deux encoignures en marqueterie de bois
de rose et de violette ; les vantaux sont ornés
d'attributs de musique et la plate-bande supé-
rieure est quadrillée ; chutes sur les coins,
petit tablier dans le bas et pieds à griffes de
lion en bronze doré. Marbre en brèche à
gorge. Epoque Louis XVI.

2 — Secrétaire de dame à abattant en bois de
rose et palissandre à coins ronds évidés. Le
bas à deux vantaux ; dessus en marbre bleu
turquin. Epoque Louis XVI.

3 — Bibliothèque en acajou satiné à coins ronds en ressauts, à canaux et garniture en cuivre doré. Epoque Louis XVI.

4 — Meuble d'entre-deux vitré, en bois de rose, à coins ronds cannelés de cuivre, garni de bronzes doré. Epoque Louis XV.

5 — Bureau à doucine en acajou satiné, à filets et galerie ajourée en cuivre poli, le dessus est en marbre blanc. Epoque Louis XVI.

6 — Commode à trois tiroirs, en bois de rose et palissandre ornée de poignées, chutes sabots et entrées de serrure en bronze redoré. Epoque de la Régence.

7 — Armoire en acajou satiné, à coins ronds et cannelés, en ressauts. Epoque Louis XVI.

8 — Table à jouer en acajou satiné, garnie d'écoinçons en cuivre.

9 — Glace Louis XIV dont le cadre est en bois sculpté et redoré.

10 — Deux cadres en bois sculpté d'époque
Louis XIV.

MEUBLES MODERNES

11 — Salle à manger, chambre à coucher, grande
bibliothèque, sièges et meubles divers.

BOITES, MINIATURES

12 — Boîte ronde en poudre d'écaille rose, piquée
d'or, montée d'un fixé, paysage

13 — Miniature portrait de jeune femme coiffée
en cheveux.

14 — Miniature de jeune femme en costume du
Directoire.

15 — Deux miniatures de femme et d'homme en costume de la Restauration.

16 — Miniature portrait d'homme en costume militaire de la Restauration dans un petit cadre carré en or, avec chaînette et cadenas minuscule.

17 — Boîte ronde en écaille avec portrait de militaire de la Restauration.

18 — Trois petits fixés.

19 — Miniature portrait de jeune femme en costume fin Louis XVI.

20 — Miniature représentant la Justice.

21 — Cachet en sardoine, gravée en intaille d'une armoirie.

22 — Deux plaquettes en étain.

23 — Miniature. Deux jeunes filles assises dans un parc. Cadre bois sculpté et doré.

24 — Eventail peint au vernis martin, de personnages en costume Louis XV, dans un parc.

BIJOUX — ARGENTERIE
MONNAIES

25 — Trois bagues, deux boucles d'oreilles mon-
tées de perles et de turquoises.

26 — Nécessaire à coudre, en or, étui en ivoire.

27 — Montre de dame. Epoque Louis XVI, en or.

28 — Montre d'homme, en or avec chaine à cou-
lants.

29 — Lot de bijoux en or, broches, boucles d'o-
reilles boutons, boutons de chemises.

30 — Montre en or, ce lot sera divisé.

31 — Lot d'argenterie de table, sera divisé.

32 — Or, pièce à l'effigie de Louis XIII au mille-
sine 1643.

33 — Or, quatre pièces à l'effigie de Louis XIV
1642, 1643, 1649, 1653.

34 — Or, quatre pièces à l'effigie de Louis XV.

35 — Or, pièce. Ecu de Charles V.

36 — Or, deux pièces. Ecus de Charles VI.

37 — Or, pièce. Salut de Henri VI. 1442.

38 — Argent. Deux pièces. Deniers de Trajan et
de Septime sévère.

39 — Argent, une pièce de Louis IX.

40 — Argent, quatorze pièces Louis XV, Louis XVI
et de la Révolution.

41 — Lot de monnaies diverses en billon.

BRONZES

42 — Deux dessous de carafes en plaqué à galeries ajourées, et gravés de guirlandes. Époque Louis XVI.

43 — Deux bouts de table à deux branches en bronze argenté. Epoque Louis VVI.

44 — Pendule en marbre blanc et bronze doré; de Renard à Reims, représentant le triomphe d'Henri IV. Epoque Louis XVI.

45 — Deux bustes en bronze, Henri IV et Sully sur stèles en marbre blanc.

46 — Paire de flambeaux Louis XV, en bronze doré.

47 — Pendule en albatre sur colonettes ornée de bronzes dorés, époque de la Restauration.

48 — Deux flambaux Louis XIV, en bronze argenté et gravé.

49 — Huit pièces couteaux divers.

PORCELAINES — VERRERIE

50 – Dix-neuf tasses et soucoupes en porcelaine dure de Paris, décorées de fleurs ou de paysages. Époque de la Restauration. (Ce lot sera divisé).

51 — Deux groupes d'enfants en porcelaine de Hoscht.

52 — Deux vases en vieux Japon (Imari).

53 — Plat oblong chantourné en vieux Rouen.

54 —- Huit verres en vieux Venise à grains de riz et un confiturier.

55 — Coupe en porcelaine de Sèvres à fond rose et dorure. Epoque Ier Empire.

56 — Huit tasses et soucoupes en pâte tendre de Mennecy, décorées de bouquets de fleurs.

57 — Tasse mignonnette en pâte tendre de Sèvres décorée d'une scène pastorale dans un paysage. 1765.

58 — Quatorze assiettes en porcelaine de Chine.

59 — Assiette en ancienne porcelaine de Saxe.

60-61 — Deux tasses et soucoupes en vieux Saxe
à fleurs, bordures à grains de riz.

62 — Sucrier sur plateau en pâte tendre surdéco-
rée dans le genre de Chantilly.

63 — Six tasses et soucoupes en porcelaine de
Saxe moderne, décorées de personnages et
de fleurs sur cartouches en réserves.

64 — Deux services à liqueurs en verre taillé,
gravé et doré. Restauration.

65-66 — Deux pots à lait et une théière en porcelaine de Boissette.

67 — Sucrier sur plateau en porcelaine dure de
Paris, décor de fleurettes.

68 — Tasse en porcelaine de Boissette décorée
d'un joli médaillon de fleurs sur fond en
camaieu.

69 — Quatre tasses, trois soucoupes et un bol en
vieux Japon. Imari.

70 — Bol en vieux Japon.

71 — Petit pot à lait en vieux Japon.

72 — Aiguière et son bassin en porcelaine de Bois-
selle, décor dit barbeau, le couvercle de l'aiguière est attaché par une jolie monture en
cuivre doré.

73 — Onzes pièces : tasses, soucoupes, bols en
vieux Japon.

74 — Deux statuettes en biscuit moderne.

75 — Deux vases forme balustre en porcelaine de
Kanton.

TABLEAUX, GRAVURES

76 — TENIERS (Genre de) Danse villageoise.

77 — VAN HUYSUM (Ecole de). Fleurs.

78 — ECOLE FLAMANDE. Le Changeur.

79 — ECOLE FLAMANDE. Nature morte. Pois-
sons.

80 — ECOLE FLAMANDE.   Fleurs et fruits,
cadre ancien en bois sculpté et doré.

81 — ECOLE D'ITALIE. Christ sortant du tombeau soutenu par des anges.

82 — ECOLE FLAMANDE. Deux natures mortes
sur cuivre.

83 — ECOLE FLAMANDE. Fleurs et fruits, deux
pendants.

84 — BRAUWER (Ecole de). Scène de cabaret
dans un cadre ancien, bois sculpté et doré.

85 — ECOLE FLAMANDE. Marine, sur cuivre.

86 — Quatre peintures : Paysages en Suisse.

87 — Vue de Paris : le Vieux marché Saint-Germain.

88 — TAUNAY. Gravures anciennes en couleur :
1° Noce de village.
2° Foire de village.
3° La Rixe.
4° Le Tambourin.

89 — TILBORRGH Van). L'Après-midi, flamaned en noir.

90 — Carton contenant des gravures en noir et des lithographies.

91 — Deux cadres Louis XIV en bois sculpté et doré.

LIVRES

92 — Œuvres de Molière, Racine, Voltaire, Walters Scott, Chateaubriand, Béranger, Paul-Louis Courrier, Thiers, Fables La Fontaine, Magasins pittoresques, Delille, J. Cooper, Théâtre de Scribe, Lamartine, etc., etc.

93 — Histoire de la maison de Bourbon par Desormeaux, illustré, imprimerie Royale, Paris 1772.

94 — Eloge de la folie, illustré par Eisen.

95 — Bible de 1616 dans sa vieille reliure en maroquin rouge doré au petit fer.

96 — Petits livres divers.